An S san Fhásach

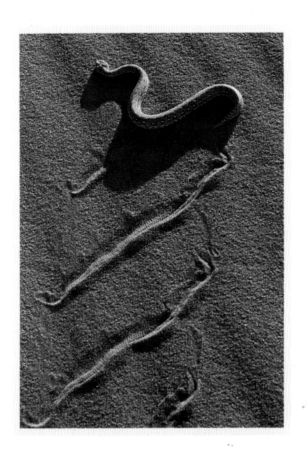

KATH MURDOCH AGUS STEPHEN RAY
An tÁisaonad a d'aistrigh

Kath Murdoch agus Stephen Ray a scríobh
Xiangyi Mo a mhaisigh
Peter Shaw a dhear
Brigitte Zinsinger a rinne an Taighde Pictiúr

Mimosa Publications Pty Ltd a d'fhoilsigh
PO Box 779, Hawthorn 3122, An Astráil
© 1995 Mimosa Publications Pty Ltd
Gach ceart ar cosnamh

An leagan Gaeilge: 2010
An tÁisaonad, Coláiste Ollscoile Naomh Muire, 191 Bóthar na bhFál, Béal Feirste
BT12 6FE
© An tÁisaonad
Foireann an tionscadail: Pól Mac Fheilimidh, Jacqueline de Brún, Ciarán Ó
Pronntaigh.
Seán Fennell, Máire Nic Giolla Cheara, Risteard Mac Daibhéid, Andrea Nic Uiginn,
Stiofán de Bhailís, Aingeal Ní Shabhaois agus Julie Ní Ghallchóir.

Arna fhoilsiú ag McGraw-Hill
Arna chlóbhualadh ag Colorcraft
ISBN: 978-0-077120-52-8

Clár

An Fásach

Is áiteanna iad na fásaigh ina dtiteann fíorbheagán fearthainne agus, den chuid is mó, bíonn siad iontach te i rith an lae. I gcuid de na fásaigh, in amanna, bíonn an teocht chomh hard le 80 céim Celsius - te go leor le do chraiceann a dhó. Is doiligh a shamhlú go maireann rudaí beo sna háiteanna seo.

Tá cuid mhór gainimh i gcuid de na fásaigh. Tugaimid gaineamhlaigh orthu seo. Ach cuid eile acu, is carraigeacha agus clocha is mó atá iontu.

FÍRIC FÁSAIGH: **FÁSACH FUAR?**

Is áit iontach fuar í Antartaice. Ach tugann eolaithe fásach ar chuid mhór di mar níor thit fearthainn ná sneachta ann leis na céadta bliain!

Beo Beathach

Is beag cosaint ón ghrian atá ag ainmhithe agus plandaí an fhásaigh. Bíonn an teocht iontach ard (ach amháin in Antartaice, ar ndóigh!) agus ní bhíonn mórán uisce ar fáil. Ach tá cuid mhór cineálacha difriúla ainmhithe sna fásaigh.

Scairp, Fásach Mór Victoria, an Astráil

Laghairt ghainimh, Fásach na Namaibe, an Afraic

Cé a d'fhág a lorg anseo?

Planda fásaigh,
Fásach Mór Victoria,
an Astráil

Cachtas, Fásach
Borrego, Meiriceá
Thuaidh

Gasail, Fásach na
Namaibe, an Afraic

7

Tá 'gaolta' ag cuid mhór d'ainmhithe an fhásaigh ach maireann siad in áiteanna atá iontach difriúil ar fad. Mar shampla, maireann sionnaigh i dtimpeallacht the thirim an fhásaigh ach tá sionnaigh eile beo in áiteanna fionnuara san Eoraip.

Tá an chadhóit sa phictiúr mhór thuas gaolta leis an mhac tíre atá sa phictiúr bheag. Réitigh siad beirt leis an timpeallacht ina bhfuil siad.

Cé go bhfuil siad iontach cosúil lena chéile maireann an dá reiptíl seo ar a dtugaimid 'dragan' i dtimpeallachtaí difriúla.

Cé a d'fhág a lorg anseo?

Toirtís fásaigh agus turtar mara

Fan Fionnuar

I lár an lae an t-am is airde teocht, is beag ainmhí a bhíonn le feiceáil san fhásach. Éalaíonn na hainmhithe ón teas agus téann siad faoi scáth carraige, mar shampla. Ach bíonn cleasa eile acu le cur suas leis an teas.

Tá an diongó seo ag análú go trom. Bogann an t-aer thar a theanga agus cuidíonn sé leis a chuid fola a choinneáil fionnuar.

Go minic, seasann an caimileon, cosúil le reiptílí eile san fhásach, ar dhá chos. Ní bhíonn a oiread teagmhála aige leis an talamh te.

Cé a d'fhág na loirg seo?

FÍRIC FÁSAIGH: CAD CHUIGE CHOMH TE SIN?

Is beag scamall a bhíonn sa spéir os cionn an fhásaigh agus is beag **taise** a bhíonn san aer. Ciallaíonn sé seo go dtagann gathanna na gréine go díreach anuas agus éiríonn an talamh agus an t-aer iontach te.

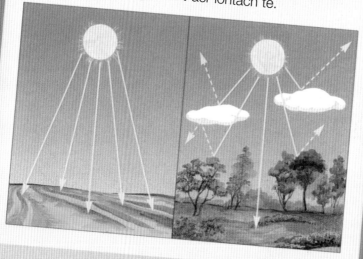

Tá beatha go leor *thíos faoi* **dhromchla** dóite na bhfásach. Tá **foscadh** ansin ón ghrian agus is áiteanna fionnuara sábháilte iad ag cuid mhór ainmhithe fásaigh.

Caochán an t-ainm atá ar an mhamach bheag seo. Ciallaíonn 'caoch' dall agus úsáideann sé tadhall lena bhealach a dhéanamh tríd na tolláin faoi thalamh. ▶

Caitheann an bhuaf seo an chuid is mó dá saol faoin talamh. I ndiaidh fearthainne an t-aon uair amháin a thagann sí chuig an dromchla. ▼

12

FÍRIC FÁSAIGH:
SRAITHEANNA TEASA

Is ag an dromchla atá an teocht is airde; níl sé chomh te céanna faoin talamh ná os a chionn.

300m 27°C

2m 43°C

1m 50°C

Dromchla 75°C

1.5m 27°C

Tógann teirmítí struchtúir fhionnuara taobh istigh de na neadacha móra seo. Tógann siad sraitheanna de bhallaí beaga a tharraingíonn an t-aer fionnuar suas ón dromchla.

13

Rúin na hOíche

Athraíonn an fásach go mór san oíche. Gan scamall ar bith leis an teas a choinneáil istigh, éiríonn sé iontach fuar. Téann cuid de na hainmhithe ar ais chuig na poill agus na carraigeacha le teas agus foscadh a fháil go maidin. Tagann ainmhithe na hoíche amach as cibé áit a mbíonn siad i bhfolach.

Sealgaire maith oíche é an t-ulchabhán.

Tá fionnadh breá tiubh ar an sionnach seo lena choinneáil féin te agus é ag seilg san oíche.

Bíonn peitil na mbláthanna seo druidte i rith an lae ach osclaíonn siad agus meallann siad feithidí san oíche.

Tagann seirbilí amach as a gcuid poll san oíche. ▶

15

Ag Teacht ar Uisce

Díreach cosúil le gach ainmhí, caithfidh ainmhithe an fhásaigh teacht ar uisce le fanacht beo. Ach ní bhíonn ach fíorbheagán uisce san fhásach. Téann blianta thart gan deoir fearthainne titim. Ach tá dóigheanna éagsúla ag plandaí agus ag ainmhithe an fhásaigh le teacht ar uisce.

*Bailíonn ciaróga an fhásaigh deora beaga uisce ón aer. Ligeann siad don taise **combdblúthú** ar a gcorp agus sileadh isteach ina mbéal.*

Faigheann an dunnart (marsúipiach beag as an Astráil) bia agus deoch ón scairp seo.

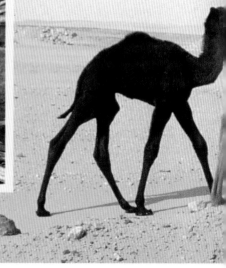

*Stórálann an
crann seo uisce
ina **stoc**.*

*Stórálann an camall
saill ina dhronn.
Athraíonn sé go leacht
nó go fuinneamh í
nuair a bhíonn sé de
dhíth air.*

17

Ag Teacht ar Bhia

Díreach cosúil le gach ainmhí, caithfidh ainmhithe an fhásaigh teacht ar bhia chomh maith le huisce le fanacht beo. Ach ní furasta teacht ar bhia san fhásach.

Déanann ainmhithe an fhásaigh cinnte go n-itheann siad gach rud is féidir. Itheann siad duilleoga, gais agus torthaí na bplandaí. Itheann siad na síolta agus an **choirt** féin, fosta. Itheann creachadóirí na hainmhithe a itheann na plandaí. Tá sé seo uilig mar chuid de **bhia-eangach** chasta.

Téann cuid d'ainmhithe an fhásaigh tamall fada gan bhia. Ní bheidh bia de dhíth ar an nathair nimhe seo go ceann roinnt laethanta i ndiaidh di an laghairt seo a ithe.

Nuair a mhothaíonn an damhán comhla seo gluaiseacht taobh amuigh, amach leis de ruathar agus beireann sé greim ar a chreach.

Cuireann an cachtas seo, as fásach Mheiriceá Thuaidh, bia, uisce agus fiú **gnáthóg** ar fáil do chuid mhór ainmhithe. Fásann sé suas le 15 mhéadar ar airde agus maireann sé suas le dhá chéad bliain. Bíonn sé faoi bhláth uair amháin sa bhliain - go díreach oíche amháin i mí na Bealtaine.

Itheann ainmhithe beaga, mar shampla, feithidí, na bláthanna agus cuidíonn siad leis an phlanda a **phailniú**. Is bia iad na feithidí seo d'ainmhithe eile, mar shampla, na héin.

Itheann an t-éan beag seo na feithidí a mheallann na bláthanna.

19

Tuilte

Iontach te i rith an lae, breá fionnuar i rith na hoíche - maireann an patrún aimsire sin tamall fada sna fásaigh. Ach in amanna, bristear an patrún sin nuair a thagann **bailceanna agus ceathanna**. Tagann athruithe iontacha ar an fhásach - ar an tír agus ar na hainmhithe agus plandaí a mhaireann ann.

Tagann **péacáin** ó na síolta atá faoin talamh agus tosaíonn plandaí a fhás den chéad uair le míonna nó fiú le blianta. Ach ab é an fhearthainn seo ní mhairfeadh cuid mhór de speicis an fhásaigh.

Rinne an fhearthainn an abhainn nua seo.

Tagann na céadta iasc beag amach as an ubh sna linnte uisce a dhéanann an fhearthainn. Beireann na héisc seo a gcuid uibheacha féin agus fanann siadsan leis an chéad chith eile.

Fásann an bláth beag bándearg seo i ndiaidh cith fearthainne agus táirgeann sé síolta a scaipeann éin agus feithidí. Fanann na síolta sa talamh go dtí an chéad chith eile.

FÍRIC FÁSAIGH: TRIOMACH FADA

Tá fásach i Meiriceá Theas ar a dtugaimid Gaineamhlach Atacama nach dtiteann fearthainn ann ar feadh tréimhsí daichead bliain!

21

Linnte san Fhásach

Níl ach beagán beag uisce ar dhromchla na bhfásach ach bíonn go leor go domhain faoin talamh ann. Thar na blianta, sileann uisce síos faoin talamh agus bailíonn sé sna carraigeacha agus sna huaimheanna. In amanna, tagann an t-uisce seo cóngarach don dromchla agus tugaimid **ósaisí** ar na háiteanna seo. Baineann cuid mhór plandaí agus ainmhithe úsáid as ósaisí agus ní mhairfeadh siad gan iad.

Ósais de chuid na hAfraice

Tá dóigheanna ag daoine san fhásach le huisce a thabhairt go dtí an dromchla. Tobar a úsáideann na daoine seo san Afraic, mar shampla.

I gcuid de na fásaigh bíonn pumpaí in úsáid le plandaí agus barra a uisciú. ▼

23

Muintir an Fhásaigh

Tá dóigheanna éagsúla ag daoine a chónaíonn san fhásach lena gcosaint féin ar an ghrian, le fanacht fionnuar agus le bia agus uisce a fháil.

In amanna, ciallaíonn sé seo timpeallacht an fhásaigh a athrú sa dóigh go dtig le daoine cónaí ann. Cosúil le gach áit a athraíonn daoine, caithfimid bheith cúramach nach ndéanaimid dochar don timpeallacht agus muid ag iarraidh an áit **a chur in oiriúint** dúinn féin.

Clúdaíonn muintir an fhásaigh iad féin le go leor éadaí lena gcosaint féin ar theas agus ar ghathanna na gréine.

24

Bíonn méid millteanach uisce de dhíth i gcathracha an fhásaigh ar nós Aqaba san Iordáin atá sa phictiúr thuas.

Tógann cuid de mhuintir na Túinéise a gcuid tithe faoin talamh áit a bhfuil sé níos fionnuaire.

Ag Tochailt san Fhásach

Tá **iontaisí** plandaí, ainmhithe agus fiú daoine sa talamh faoi na fásaigh. Thig le heolaithe staidéar a dhéanamh ar na hiontaisí seo agus a fháil amach gur foraoisí, nó fiú farraigí, a bhí iontu roimhe sin.

Tá go leor mianraí faoi dhromchla cuid mhór de na fásaigh. Tá mianaigh ar fud na bhfásach ina bhfuil ola, diamaint, gual agus úráiniam.

Ach bíonn contúirt i gcónaí ann go scriosfaidh an **mhianadóireacht** gnáthóga ainmhithe agus plandaí.

Mianach diamant san Astráil

Iontaisí ainmhithe mara a mhair i bhfad, i bhfad ó shin ar ghrinneall na farraige.

27

Cá bhFuil na Fásaigh?

MEIRICEÁ
THUAIDH

MEIRICEÁ
THEAS

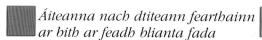 Áiteanna nach dtiteann fearthainn
ar bith ar feadh blianta fada

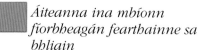 Áiteanna ina mbíonn
fíorbheagán fearthainne sa
bhliain

AN AFRAIC

AN ASTRÁIL

Áiteanna ina mbíonn go leor fearthainne le féar a fhás cuid den bhliain

Cé a d'fhág a lorg anseo?

Laghairt, lch 7

Scairp, lch 7

Sionnach, lch 9

Diongó, lch 11

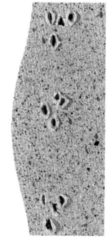

Dunnart, lch 17

Camall, lch 17

Gluais

a chur in oiriúint   rud a shocrú an dóigh ar mhaith leat féin é

bailc agus cith   fearthainn iontach trom

bia-eangach   na ceangail agus na naisc uilig a bhaineann leis an bhia a itheann ainmhithe, daoine

coirt   an 'craiceann' a bhíonn thart ar adhmad. Tugtar 'bark' air sa Bhéarla.

comhdhlúthú   nuair a athraíonn gás go leacht

dromchla   barr an talaimh, nó barr an uisce. Bíonn aer os cionn an dromchla (Féach lch. 13).

foscadh   bíonn foscadh ón fhearthainn le fáil faoi scáth fearthainne agus ón ghrian faoi scáth crainn, mar shampla

gnáthóg   áit a maireann ainmhithe. Cois farraige atá gnáthóg faoileáin.

iontaisí   loirg i gcarraigeacha de rudaí a mhair i bhfad, i bhfad ó shin

mianadóireacht   tochailt faoin talamh le teacht ar mhiotal luachmhar nó ar ghual srl.

ósais   áit san fhásach a mbíonn uisce ar fáil. Is anseo a chónaíonn cuid mhór de mhuintir an fhásaigh.

pailniú   pailin a bhogadh ó bhláth go bláth

péacán   an chéad rud a thagann amach as síol agus é ag athrú ina phlanda

stoc   an chuid lárnach, láidir de chrann - an gas

taise   nuair a bhíonn braonta beaga uisce - chomh beag sin nach féidir iad a fheiceáil - san aer bíonn taise ann.